A Celtic Heritage – Past and Present

Fr Ross SJ Crichton

When Saint Paul wrote his letter to the Galatians, he was writing to the remnants of a Celtic-speaking people in Asia Minor. The Celts journeyed westwards through Europe leaving traces of their presence in the lands they inhabited in earthenware vessels, jewellery, and placenames. Today, the remnants of this great culture cling to the rocky shores on the fringe of north-western Europe which the descendants of the Celtic peoples have now called their home for centuries.

There has arisen a deep bond between the Celt and the land which generations of their forebears cultivated and in which they found their 'place of resurrection'. As new territories opened up, the Celts spread out yet again through emigration – whether by force or by choice; from New Zealand with its numerous Scots settlers, or Australia, where the Irish and Cornish settled in large numbers, to Argentina with its Welsh colony up to North America where the Scots and Irish established communities in which their spiritual and cultural heritage was kept alive for generations. But for the Celtic diaspora in the New World, the Old World, in which the threads of faith, language and culture had been interwoven so beautifully, was held in special esteem as the birthplace of their identity and their spiritual home. In a culture in which the natural and the supernatural are intertwined and in which there is no significant division between the sacred and the secular, it was natural that saints should also be poets and that musicians should also be mystics. The great figures of Celtic history are as alive to their people today as they were in their own lifetimes and their native territories are rightly considered places of pilgrimage.

In 2021, we mark the 1500th anniversary of the birth of one of the most well known and well loved of the Celtic Saints. Saint Columba was born in Ireland in 521, a descendant of the princely family of Niall Noígíallach or Niall of the Nine Hostages. To the Celtic mind kinship is important, and as some of the great families of Irish and Scottish Gaeldom claim descent from Niall Noígíallach, Saint Columba's kin may yet be found in those districts frequented by the Saint himself. Despite their attachment to the land of their forebears, the Celts are a restless people and Saint Columba was no exception. Whatever the circumstances which occasioned his decision, he left his native Donegal and crossed the sea towards the islands of the west coast of Scotland – the Scottish Dál Riata – where he planted the seeds of the Christian Faith on the island of Iona. Saint Columba brought with him also the language and culture of the Gael. It is a labour-intensive activity to make anything grow in the harsh environment of these beautiful but remote lands, but Saint Columba and his monks were not work-shy when it came to bringing forth a harvest from the land or the spiritual harvest of souls. The mission of Saint Columba bore fruit well beyond the bounds of Celtic Dál Riata as Columban monks criss-crossed the country and brought the Faith to the Picts of northern Scotland and the Angles of north-eastern England. The monks of the 'Columban family' were to re-plant the Faith on Continental Europe too after the collapse of the Roman Empire. From Iceland to Italy, the Columban monks have left traces of their presence far from the turquoise waters and white sands of the Hebridean island to which their spiritual roots may be traced.

In that remote corner of Celtic Europe, the landscapes which would have been so familiar to Saint Columba would probably still be largely recognisable to him today. More importantly, although diminished by the ravages of time, the Faith he held and the language he spoke still cling tenaciously to their native soil among his own kin. Dál Riata of old has long since vanished and territorial boundaries have been drawn and re-drawn over the centuries. But despite the socio-economic and cultural challenges which they have faced over the centuries, the Faith and language of Saint Columba are with us still – a living heritage. Our Goidelic languages, moulded and shaped under the influence of the Christian Faith, are now as inseparable from the Christian Faith as a body is from its soul. While the languages provide a rich and expressive vehicle for the Faith to make itself incarnate in our context, so does the Faith animate those languages: from daily greetings which invoke the Saints to the names for the days of the week which evoke the old Christian Fasts. For many people, Irish and Scots Gaelic are still very much the language of their hearts, and if prayer is a raising of the mind and heart to God, it is only natural that we should pray in that language which appeals to the heart; hence, the publication of this Novena and Litany.

SAINT COLUMBA

Saint Adomnán is our principal source for what we know about Saint Columba's life and the reader who wishes to learn about the Saint is directed to Saint Adomnán's *Vita Columbae*. Writing a century after his predecessor's death, Saint Adomnán depicts a man whose focus was fixed firmly on God. He was a monk and a missionary, combining life in the Monastery with missions well beyond its bounds. He was a true pastor, working for the spiritual and temporal good of his people, bringing the sinner to repentance and taking care of the bodily needs of those who had fallen on hard times. He was a scholar who studied, copied and illuminated the Sacred Texts and whose appreciation of the natural world led him back to contemplation of the God who created it. He was a mystic as demonstrated by his unerring powers of knowing what was happening at a distance or what was to happen in the future. He was above

all a holy man for whom communing with the angels was as natural as conversation with his brother monks. He predicted his own demise and he passed from this world to the next surrounded by his brethren before the altar in the Church which he had built. His last act was to raise his right hand in a wordless blessing over them.

SEEKING THE INTERCESSION
OF THE SAINTS

Saint Columba's blessing made his foundations fruitful for many years to come. It is right that in this anniversary year we should seek his blessing anew – and that is the purpose of this Novena and Litany. The Celtic fringe is a beautiful, but harsh, environment. The Machair lands of the west coast are vulnerable and fragile, as are the flowers which bloom upon them every spring. They speak to us of the fragility of our own existence, as recalled in the Psalms, 'as for man his days are like grass; he flowers like the flower of the field. The wind blows and he is gone and his place never sees him again' (Ps. 103:15). Those who live on the Atlantic coast are well aware of the devastation that the wind can cause – it can uproot more than the flowers of the machair. But there is another wind which blows which brings life rather than destruction. As Ezekiel contemplates the valley of dry bones, he would hardly have thought that they could come to life again. But God commands Ezekiel to prophesy to the breath, that coming from the four winds, life may be breathed back into the dead. Similarly, the wind of Pentecost brought life and vigour to the infant Church, driving her into the streets of Jerusalem and the world beyond. Saint Columba and his monks were well aware of the power of the wind; but they were equally aware of the greater power of God who could calm the seas and direct the wind as He pleased. Many of the stories from Saint Adomnán's *Vita Columbae* speak of the Saint interceding for calm seas and a favourable wind. The challenges for the Church in our time are surely no greater than they were in the time of Saint Columba. His life teaches us that when the winds are not favourable, then we have to ask God to intervene to make them favourable. The wind which brings destruction can be turned around to become the wind which brings new life, if God so wills.

PILGRIMAGE – A RETURN
TO OUR SPIRITUAL ROOTS

Where we see barriers and obstacles, the eyes of Faith see opportunities. The sea was no barrier for the Celtic monks – they made it their highway. Their boats criss-crossed between Scotland and Ireland reinforcing the religious and linguistic links between the two territories. For centuries, that flow of people back and forth between Scotland and Ireland continued, and it continues still. The religious and linguistic legacy of Saint Columba is still present in these lands, but perhaps not as widely known or appreciated as it should be. This year presents an opportunity for us to rediscover the rich legacy left by Saint Columba and guarded by the peoples who are his kin. There are numerous sites in Ireland and Scotland associated with Saint Columba's life and ministry and it is a rich and rewarding experience to make a pilgrimage to them. In doing so, we are truly following in the footsteps of the far-travelled Celtic monks and Saint Columba himself. Undertaking a pilgrimage is an opportunity to revisit and nourish the roots of our faith, and when the roots are nourished, the plant can bear fruit.

Saint John Paul II enunciated this principle in his Apostolic Exhortation *Ecclesia in Europa* in 2003. His words are as relevant now in this anniversary year as they were then. He wrote, 'Europe needs to make a qualitative leap in becoming conscious of its spiritual heritage [...] Taking up anew this invitation to hope, I repeat to you again today: Europe, as you stand at the beginning of the third millennium, "Open the doors to Christ! Be yourself. Rediscover your origins. Relive your roots." Down the centuries you have received the treasure of Christian faith. It has grounded your life as a society on principles drawn from the Gospel, and traces of this are evident in the art, literature, thought and culture of your nations. But this heritage does not belong just to the past; it is a project in the making, to be passed on to future generations, for it has indelibly marked the life of the individuals and peoples who together have forged the continent of Europe' *Ecclesia in Europa* par. 120. As we find ways to commemorate the legacy of Saint Columba and his monks, we too will become indelibly marked by that legacy as we seek to pass it on to future generations.

The traditional Irish greeting *Dia duit* (God be with you) evokes the response *Dia is Muire is Pádraig duit* (God, Mary and Patrick be with you). Perhaps this year we can add Saint Columba's name to that response! But for now, let us finish where we began and leave the last words to Saint Paul who offers to the people of Galatia a longer and even better greeting: 'Grace and peace to you from God our Father and the Lord Jesus Christ, who gave Himself for our sins to rescue us from the present evil age, according to the will of our God and Father, to whom be glory for ever and ever. Amen' (Gal. 1:3).

The cold, harsh winds of the 'present evil age' may blow strongly in our time, but the bright flower of Faith still stands firmly rooted in its native soil. Through the intercession of Saint Columba, may the wind of the Holy Spirit breathe new life into the legacy the Saint has left us, and may the Faith he preached bloom abundantly once more across the Celtic Fringe and beyond.

NOVENA & LITANY

The Novena sets before us a theme for each day, relating to the life of Saint Columba, but the person praying on his or her own may offer the Novena for their own intentions. The prayers which begin and end the devotion are drawn from the rich spiritual traditions of Irish and Scottish Gaeldom. The Litany was composed based on titles attributed to Saint Columba in Gaelic devotions and expanded with new titles based on aspects of his life which feature in Saint Adomnán's *Vita*.

The daily Novena consists of seven parts. The Sign of the Cross, Invocation and Antiphon should be recited each day (see page 10/11). There follows a different Meditation and Prayer for each of the nine days which should be concluded with the Prayer to Saint Columba (on page 10/11). The devotion may be concluded here.

For those who wish, as part of their private devotions or in a more formal, communal setting, the Litany (page 32/33) and its Concluding Prayer (page 38/39) may be added.

While the Novena may be made all year round, those who wish to use it in the run up to Saint Columba's Feast can say the prayers on the following dates:

31 May	First Day	p. 12/13
1 June	Second Day	p. 14/15
2 June	Third Day	p. 16/17
3 June	Fourth Day	p. 18/19
4 June	Fifth Day	p. 20/21
5 June	Sixth Day	p. 24/25
6 June	Seventh Day	p. 26/27
7 June	Eighth Day	p. 28/29
8 June	Ninth Day	p. 30/31

ACKNOWLEDGEMENTS

Bishop Alan McGuckian & Foras na Gaeilge for organising the translation of the Litany and Novena into Irish.

Alex O'Henley for proofreading the original Gaelic text and its English translation.

Colmcille 1500 for facilitating links between Irish & Scottish agencies.

SOURCES

Lòchran an Anma (1906)
Scottish Gaelic Prayer Book
—Blessed be the Holy and Undivided Trinity
—Titles for the Litany

St Adomnán's *Life of St Columba*
—Titles for the Litany

St Anthony's Treasury (1916)
—Prayer to St Columba

Paidreacha na nDaoine (1911)
Irish Gaelic Prayer Book
—Luinneag/Prayer

FOREWORD

Bishop Alan McGuckian
Bishop of Raphoe

It's a twenty-minute drive from our Cathedral to Gartan where Saint Colmcille was born and its old Abbey where he spent his childhood. On the side of the hill you can still see the outline of the defensive ramparts which surrounded the family homestead.

Colmcille, who also answers to his Latin name Columba, still lives in the minds and hearts of many in Donegal. We have heard the great stories of a mighty man, full of love but whom you had better not cross! For some the overlay of legend in many of the stories handed down through the ages has blunted confidence in the living power of the Saint. For historians, the man of affairs might seem to loom larger than the man of God. But it was the love of God that led our Gartan lad on a journey that took him to Moville, Glasnevin, Clonard, Derry, Argyll, Iona and many other places. The salvation brought by Christ was all he wanted for himself and for the world. I pray that in this 1500th anniversary of the birth of our great saint we will allow his passion for Christ to challenge us and echo in our lives in service of the Kingdom for which he gave his whole life.

FOREWORD

Bishop Brian McGee
Bishop of Argyll & the Isles

Saint Columba is one of our greatest loved saints and daily I watch boatloads of pilgrims heading to Iona. However, as we celebrate the 1500th anniversary of Columba's birth we should not restrict his achievements to history. Today the Church and each disciple has much to learn from Columba's spirituality, dedication and missionary style.

As a monk Columba dedicated his life to God, worshiping in Latin. As a Gael, Columba deepened the natural bond between Ireland and Argyll and the Hebridean Islands. It is most fitting that during this anniversary year a new Novena to Saint Columba has been composed in Irish, Gaelic and English. I thank and congratulate Fr Crichton, a priest of the Diocese of Argyll & the Isles, for producing this devotion. I pray that all who recite the Novena are, like Saint Columba, drawn closer into the arms of God's merciful love.

ÙRNAIGHEAN TÒISEACHAIDH

URNAÍ TOSAIGH

INTRODUCTORY PRAYERS

An ainm an Athar ✠ agus a' Mhic agus an Spioraid Naoimh. Amen.

Beannaichte gun robh an Trianaid Naomh agus Neo-dhealaichte a-nis agus gu sìorraidh. Amen.

A Chaluim Chille, a charaid chaoimh / An ainm Athar, Mhic is Spioraid Naoimh, / Tro an Trianaid, tro na Trì / Dèan cobhair oirnn 's thoir taic do'r triall.

ÙRNAIGH RI
NAOMH CALUM CILLE

A Naoimh Chaluim Chille ghlòrmhoir! A' cuimhneachadh air a' ghràdh a bh' agad air muinntir ar dùthcha, dèan eadar-ghuidhe air ar son los gum bitheamaid airidh air na subhailcean a nochd thu dhuinn nad chaitheamh-bheatha a chur an cèill nar beatha fhèin, gu sònraichte do ghaol airson Sàcramaid uile-naomh na h-Altarach. Tionndaidh ri Ìosa air an altair agus dèan ùrnaigh air ar son gus am bi teine a' ghràidh dhiadhaidh a' losgadh gu dealrach agus gu daingeann anns gach cridhe. Deònaich spiorad a' charthannais a choisinn dor ceannardan agus dhuinn uile. Beannaich obair an fhoghlaim los gum bi òigridh ar dùthcha air an stiùireadh le fireantachd ar creideimh gu naomhachd beatha. Tro d' eadar-ghuidhe ro-chumhachdach, gun glèidh Dia sinn bho gach olc agus gun stèidhich E nar measg an Creideamh a thug thu do ar sinnsearan. Dèan ùrnaigh air ar son, a-nis agus gu sìorraidh los gun coilean sinn ar dleastanasan Crìosdail agus gun gràdhaich sinn Ìosa ler n-uile chridhe. Amen.

In ainm an Athar ✠ agus an Mhic agus an Spioraid Naoimh. Amen.

Moladh leis an Tríonóid Naofa agus Neamhroinnte anois agus go brách. Amen

A Cholm Cille, a chara caomh / In ainm Athar, Mic 'gus Spioraid Naoimh, / Tríd an Tríonóid, tríd an Triúr / Cabhraigh linne, coinnigh ár dtriail.

PAIDIR DO NAOMH COLM CILLE

A Naomh Colm Cille glórmhauile olc agus go mbunaír, ag cuimhneamh ar an ghrá a bhí agat do mhuintir ár dtíre, déan idirghuí ar ár son le gurbh fhiú muid na suáilcí céanna a léiriú inár saol is a nocht tú dúinn i do bheatha ar talamh, go háirithe an grá a bhí agat do Shacraimint Ró-Naofa na hAltóra. Iompaigh ar Íosa ar an altóir agus guigh ar ár son le go mbeidh tine an Ghrá Dhiaga ar lasadh go geal agus go daingean i ngach aon chroí. Deonaigh go mbeidh spiorad na carthanachta inár gceannairí agus ionainn uilig. Beannaigh obair an oideachais le go mbeidh aos óg ár dtíre á stiúradh ag fírinne ár gcreidimh i dtreo naofacht beatha. Trí d'idirghuí róchumhachtach, go gcoinní Dia muid ó gach uile olc agus go mbunaí Sé inár measc an Creideamh a thug tú dár sinsir. Guigh ar ár son anois agus go síoraí le go gcomhlíonaimid ár ndualgaisí Críostaí agus grá a thabairt d'Íosa le hiomlán ár gcroí. Amen.

In the name of the Father ✠ and of the Son and of the Holy Spirit. Amen.

Blessed be the Holy and Undivided Trinity now and forever. Amen.

Saint Columba, dear friend we claim, / In Father, Son and Spirit's Name, / Through the Trinity, through the Three, / Our help and our companion be.

PRAYER TO SAINT COLUMBA

Glorious Saint Columba! Mindful of the love you bore to the people of our country, intercede for us so that we may be worthy of living out the same virtues you displayed in your own life, especially your love for the Most Holy Sacrament of the Altar. Turn to Jesus on the Altar and pray for us so that the fire of Divine Love may burn brightly and steadily in every heart. Grant that our leaders, and all of us, may be imbued with the spirit of charity. Bless the work of education so that the young people of our land may be guided by the truth of our faith to holiness of life. Through your most powerful intercession, may God keep us from evil and establish among us the Faith you brought to our forefathers. Pray for us, now and always, that we may fulfil our Christian duties and love Jesus with all our heart. Amen.

A' CHIAD LATHA

AN CHÉAD LÁ

THE FIRST DAY

Comharra na Croise, Beannaichte agus Luinneag (p. 10)

ATHCHUINGE
An Teaghlach

Rugadh Naomh Calum Cille ann an Èirinn, na bhall de theaghlach rìoghail Nìll Naoigiallaich. Mar mhanach, chuir e a chùl ri onairean saoghalta ach bha càirdeas eadar e fhèin agus iomadh aba a thàinig às a dhèidh air Eilean Ì. Dèanamaid ùrnaigh airson ar teaghlaichean fhèin: gun cuir sinn an cèill ar creideamh nar teaghlaichean, a' cuimhneachadh gu bheil ar dìleab spioradail nas prìseile na dìleab saoghalta.

Dèanamaid ùrnaigh

A Dhia uile-chumhachdaich, tha sinn a' toirt taing dhut gun do bheannaich Thu beatha an teaghlaich nuair a ghabh Do Mhac Ìosa ar nàdar daonna anns an Teaghlach Naomh. Nad bhàidh, beannaich ar teaghlaichean an-diugh agus thoir dhuinn misneachd solas ar creideimh a dhèanamh follaiseach nar dachaidhean, los gum buannaich sinn an duais shìorraidh a gheall Thu dhuinn, tro Chrìosda ar Tighearna. Amen.

Ùrnaigh ri Naomh Calum Cille (p. 10)

A Naoimh Chaluim Chille, guidh air ar son!

Comhartha na Croise, Moladh agus Loinneog (p. 11)

Sign of the Cross, Invocation & Antiphon (p. 11)

ACHAINÍ
An Teaghlach

Rugadh Naomh Colm Cille in Éirinn, ina bhall de theaghlach ríoga Néill Naoighiollaigh. Mar mhanach, thug sé a chúl d'onóir an tsaoil seo ach bhí sé gaolta le cuid mhór de na haba a tháinig ina dhiaidh ar Oileán Í. Guímis ar son ar dteaghlach féin: go léireoimid ár gcreideamh inár dteaghlaigh féin, ag cuimhneamh go bhfuil ár n-oidhreacht spioradálta níos luachmhaire ná oidhreacht an tsaoil seo.

PETITION
The Family

Saint Columba was born in Ireland, a member of the Royal Family of Niall of the Nine Hostages. As a monk, he abandoned worldly honours but he was related to many of the abbots who followed him on Iona. Let us pray for our own families: that we will live our faith in our families, mindful that our spiritual inheritance is more precious than any worldly inheritance.

Guímis

A Dhia uilechumhachtaigh, tugaimid buíochas duit mar gur bheannaigh Tú beatha an teaghlaigh nuair a ghlac Do Mhac Íosa ár nádúr daonna insan Teaghlach Naofa. Bí ceansa agus beannaigh ár dteaghlaigh inniu agus tabhair misneach dúinn le solas ár gcreidimh a dhéanamh follasach inár mbailte, le go mbainimid an duais shíoraí a gheall Tú dúinn, trí Chríost ár dTiarna. Amen.

Let us pray

Almighty God, we give You thanks that You blessed the life of the family when Your Son Jesus took our human nature in the Holy Family. In Your kindness, bless our families today and grant us confidence to make the light of our faith visible in our homes so that we may gain the eternal rewards You have promised us. Through Christ our Lord. Amen.

Paidir do Naomh Colm Cille (p. 11)

A Naomh Colm Cille, guigh orainn!

Prayer to Saint Columba (p. 11)

Saint Columba, pray for us!

AN DÀRNA LATHA

AN DARA LÁ

THE SECOND DAY

Comharra na Croise, Beannaichte agus Luinneag (p. 10)

ATHCHUINGE
Sìth

B' ann às dèidh cogadh na dhùthaich fhèin a dh'fhàg Naomh Calum Cille Èirinn, na thaistealach air sgàth Chrìosda agus a Shoisgeil Naoimh. Tro shearmonachadh an t-Soisgeil, thug Naomh Calum Cille teachdaireachd na sìthe do mhuinntir na h-Alba.

Dèanamaid ùrnaigh

A Dhia uile-chumhachdaich, ghabh Thu truas rinne nuair a chuir Thu thugainn Ìosa, Do Mhac Diadhaidh; Esan a rèitich daoine a bha air an sgàradh tro pheacadh agus aimhreit. Nad mhathas, thoir dhuinn misneachd an Soisgeul a shearmonachadh, los gum bi sìth Chrìosda a' sgaoileadh nar saoghal far a bheil aimhreit agus cogadh a sgaradh dhaoine bho chèile. Tro Chrìosda ar Tighearna. Amen.

Ùrnaigh ri Naomh Calum Cille (p. 10)

A Naoimh Chaluim Chille, guidh air ar son!

Comhartha na Croise, Moladh agus Loinneog (p. 11)

Sign of the Cross, Invocation & Antiphon (p. 11)

ACHAINÍ
Síocháin

Ba i ndiaidh cogaidh ina thír féin a d'fhág Colm Cille Éire, oilithreach ar son Chríost agus a Shoiscéil Naofa. Trí chraobhscaoileadh an tSoiscéil, thug Naomh Colm Cille teachtaireacht na síochána do mhuintir na hAlban.

PETITION
Peace

It was after a battle in his own country that Saint Columba left Ireland, a pilgrim for the sake of Christ and His Holy Gospel. Through the preaching of the Gospel, Saint Columba brought the message of peace to the people of Scotland.

Guímis

A Dhia uilechumhachtaigh ghlac Tú trua linn nuair a chuir tú chugainn Íosa do Mhac Diaga; Eisean a rinne athmhuintearas idir daoine a bhí scartha ó chéile ag an pheaca agus ag an achrann. As Do mhaitheas tabhair dúinn misneach an Soiscéal a chraobhscaoileadh le go mbeidh síocháin Chríost á fógairt sna háiteanna sin ina bhfuil daoine á scaradh ó chéile ag coimhlint agus cogadh. Trí Chríost ár dTiarna. Amen

Let us pray

Almighty God, You took pity on us when you sent us Jesus, Your Divine Son; He who reconciled people separated through sin and strife. In Your goodness, grant us confidence to preach the Gospel so that the peace of Christ may spread in our world where conflict and war separate people from one another. Through Christ our Lord. Amen.

Paidir do Naomh Colm Cille (p. 11)

A Naomh Colm Cille, guigh orainn!

Prayer to Saint Columba (p. 11)

Saint Columba, pray for us!

AN TREAS LATHA

AN TRÍÚ LA

THE THIRD DAY

Comharra na Croise, Beannaichte agus Luinneag (p. 10)

ATHCHUINGE
Eilthireachd / Taistealachd

A' fàgail a dhùthcha fhèin, chaidh Naomh Calum Cille thar a' chuain na thaistealach air sgàth Chrìosda. Gun seilbh saoghalta, agus gun mhaoin, chuir e earbsa ann an Dia. Iarramaid an diugh eadar-ghuidhe Naoimh Chaluim Chille airson nam feadhnach a dh'fheumas an teaghlach no an dùthaich fhàgail gus beatha ùr a dhèanamh dhaibh fhèin.

Dèanamaid ùrnaigh

A Dhia uile-chumhachdaich, cha d' fhuair Do Mhac ionmhainn, Ìosa Crìosda, àite-còmhnaidh seasmhach air talamh. Beannaich iadsan a tha fada air falbh o na dachaighean agus teaghlaichean aca fhèin, gu h-àraid ar caraidean agus luchd ar n-eòlais. Cuidich sinn gus ar n-earbsa a chur annad a-mhàin, a' cuimhneachadh air an dachaigh bhuan a dh'ullaich Thu dhaibhsan a tha a' creidsinn annad. Tro Chrìosda ar Tighearna. Amen.

Ùrnaigh ri Naomh Calum Cille (p. 10)

A Naoimh Chaluim Chille, guidh air ar son!

Comhartha na Croise, Moladh agus Loinneog (p. 11)

Sign of the Cross, Invocation & Antiphon (p. 11)

ACHAINÍ
Oilithreacht / Imirce

Ag fàgail a thíre fèin dó, chuaigh Naomh Colm Cille thar sáile ina oilithreach ar son Chríost. Agus é bocht, gan mhaoin an tsaoil seo, chuir sé a mhuinín i nDia. Iarramaid idirghuí Naomh Colm Cille inniu ar a son siúd uilig a chaithfidh a dteaghlach nó a dtír féin a fhágáil le beatha úr a dhéanamh dóibh féin.

PETITION
Emigration / Pilgrimage

Leaving his own country, Saint Columba went over the sea as a pilgrim for the sake of Christ. Without worldly goods or means, he placed his trust in God. Let us ask the intercession of Saint Columba today for those who have to leave family and homeland to make a new life for themselves.

Guímis:

A Dhia uilechumhachtaigh, ní bhfuair Do Mhac ionúin Íosa Críost áit chónaithe bhuan ar talamh. Beannaigh na daoine atá fada ar shiúl óna mbailte agus óna dteaghlaigh féin, go mór mór ár gcairde agus ár lucht aitheantais féin. Cuidigh linn ár muinín a chur Ionat amháin, ag cuimhneamh dúinn ar an bhaile bhuan atá ullmhaithe Agat dóibh siúd chreideann Ionat. Trí Chríost ár dTiarna. Amen.

Let us pray

Almighty God, Your Son, Jesus Christ, had no lasting home on earth. Bless those who are far from their homes and families, especially our relatives and acquaintances. Help us to place our trust in You alone, mindful of the eternal home You have prepared for those who believe in You. Through Christ our Lord. Amen.

Paidir do Naomh Colm Cille (p. 11)

A Naomh Colm Cille, guigh orainn!

Prayer to Saint Columba (p. 11)

Saint Columba, pray for us!

AN CEATHRAMH LATHA

AN CEATHRÚ LÁ

THE FOURTH DAY

Comharra na Croise, Beannaichte agus Luinneag (p. 10)

ATHCHUINGE
Maraichean

R i linn Naoimh Chaluim Chille, b' e turas-mara an dòigh as cumanta air siubhail bho àite gu àite. Cha robh na soitheachan idir iomchaidh airson turas fada, agus b' e àite cunnartach a bh' anns a' chuan. Ach chuir iad an earbsa ann an Dia a chruthaich tìr agus muir, agus leis a' ghaoth nan siùil, ràinig iad gu sàbhailte an ceann-uidhe.

Dèanamaid ùrnaigh

A Dhia uile-chumhachdaich, air turas ar beatha, tha iomadh stoirm agus gailleann ag èirigh mun cuairt oirnn. Mar a shìn Do Mhac Diadhaidh A làmh air uachdar na mara agus a chiùinich E an stoirm, tha sinn a' guidhe gun ciùinich E mar an ceudna stoirmean ar beatha fhèin. Beannaich ar càirdean a tha ag obair aig muir – thoir dhaibh turas sìtheil agus caladh sàbhailte; agus aig ceann ar turais thalmhaidh, gun ruig sinne caladh sàbhailte nam Flathas. Tro Chrìosda ar Tighearna. Amen.

Ùrnaigh ri Naomh Calum Cille (p. 10)

A Naoimh Chaluim Chille, guidh air ar son!

Comhartha na Croise, Moladh agus Loinneog (p. 11)

Sign of the Cross, Invocation & Antiphon (p. 11)

ACHAINÍ
Lucht Farraige

In aimsir Cholm Cille ba é turas mara an modh taistil is coitianta ó áit go háit. Na soithí a bhí acu ní raibh siad fóirsteanach do thurais fhada agus b'áit chontúirteach í an fharraige. Ach chuir siad a muinín i nDia a chruthaigh muir agus talamh agus leis an ghaoth ina seolta bhain siad ceann scríbe amach slán sabháilte.

PETITION
Seafarers

During Saint Columba's lifetime, sea voyages were the most common means of travel from place to place. The vessels were barely suitable for a long journey, and the ocean was a dangerous place. However, they put their trust in the God who created the land and the sea, and with the wind in their sails, reached their destination in safety.

Guímis

A Dhia uilechumhachtaigh, is iomaí stoirm agus gála a thagann orainn ar thuras ár mbeatha. Faoi mar a shín do Mhac Diaga a lámh amach os cionn na farraige agus thit an stoirm chun ciúnais, guímid ort go ndéanfaidh Sé stoirmeacha ár mbeatha féin a chiúnú mar an gcéanna. Beannaigh ár gcairde a bhíonn ag obair ar an fharraige – tabhair dóibh turas suaimhneach agus cuan slán; agus ag deireadh ár dturais ar talamh go mbainimid amach cuan sabháilte na bhFlaitheas. Trí Chríost ár dTiarna. Amen.

Let us pray

Almighty God, on the journey of our life, many storms and tempests rise about us. As Your Divine Son stretched His hand over the sea and calmed the storm, we pray that He will likewise calm the storms of our own lives. Bless our relations who work at sea – grant them a peaceful voyage and safe harbour; and at the end of our earthly journey, may we reach the safe haven of Paradise. Through Christ our Lord. Amen.

Paidir do Naomh Colm Cille (p. 11)

A Naomh Colm Cille, guigh orainn!

Prayer to Saint Columba (p. 11)

Saint Columba, pray for us!

AN CÒIGEAMH LATHA

AN CÚIGIÚ LÁ

THE FIFTH DAY

Comharra na Croise, Beannaichte agus Luinneag (p. 10)

ATHCHUINGE
Togail Rìoghachd Dhè

A ir dha tighinn gu tìr an Eilean Ì, thog Naomh Calum Cille a' mhanachainn ainmeil far am biodh solas a' chreideimh a' deàrrsadh fad is farsaing, a' tarraing muinntir na dùthcha dhan Chreideamh Chrìosdail. Tha Rìoghachd Dhè ga togail beag air bheag, agus mar a dh'innis Crìosda fhèin dhuinn, feumaidh sinn foighidinn gus an tig toradh ar n-obrach gu buil.

Dèanamaid ùrnaigh

A Dhia uile-chumhachdaich, b' e Do thoil an Creideamh Crìosdail a sgaoileadh nar measg tro fhaclan agus gnìomhannan Naoimh Chaluim Chille. Tha sinn a' toirt taing dhut gu bheil sìol a' Chreideimh a chuir e ann an cridheachan ar sinnsearan fhathast torrach nar latha. Deònaich gun dèan sinn ar dìcheall gus rìoghachd Dhè a thogail nar latha agus gun dealraich solas a' Chreideimh fhathast nar measg. Tro Chrìosda ar Tighearna. Amen.

Ùrnaigh ri Naomh Calum Cille (p. 10)

A Naoimh Chaluim Chille, guidh air ar son!

Comhartha na Croise, Moladh agus Loinneog (p. 11)

Sign of the Cross, Invocation & Antiphon (p. 11)

ACHAINÍ
Tógáil Ríocht Dé

Ar theacht i dtír ar Oileán Í do Cholm Cille, thóg sé a mhainistir chlúiteach ónar shoilsigh solas an chreidimh amach fada leitheadach, ag tarraingt mhuintír na tíre chuig an Chreideamh Chríostaí. Tógtar Ríocht Dé de réir a chéile agus, faoi mar a dúirt Críost féin linn, tá foighde de dhith go dtí go mbíonn toradh ar ár gcuid oibre.

PETITION
Building the Kingdom of God

After arriving on the Isle of Iona, Saint Columba built the famous monastery from which the light of faith would shine forth far and wide, drawing the people of the country to the Christian Faith. The Kingdom of God is built gradually, and as Christ Himself told us, we need patience until our labours bring forth their fruit.

Guímis

Let us pray

A Dhia uilechumhachtaigh, ba é Do thoil an Creideamh Críostaí a fhógairt inár measc trí fhocail agus gníomhartha Naomh Colm Cille. Tugaimid buíochas Duit go bhfuil an síol a chuir sé i gcroíthe ár sinsear torthúil go fóill inár laethanta féin. Deonaigh go ndéanfaimid ár ndícheall Ríocht Dé a thógáil sa lá atá inniu ann le go mbeidh solas an Chreidimh ar lasadh inár measc i gcónaí. Trí Chríost ár dTiarna. Amen.

Almighty God, it was Your will to spread the Christian Faith among us through the words and deeds of Saint Columba. We thank You that the seed of Faith which he planted in the hearts of our forefathers is still fruitful in our day. Grant that we may strive to build the Kingdom of God in our times and that the light of the Faith may yet shine in our midst. Through Christ our Lord. Amen.

Paidir do Naomh Colm Cille (p. 11)

Prayer to Saint Columba (p. 11)

A Naomh Colm Cille, guigh orainn!

Saint Columba, pray for us!

AN SIATHAMH LATHA

AN SÉÚ LÁ

THE SIXTH DAY

Comharra na Croise, Beannaichte agus Luinneag (p. 10)

ATHCHUINGE
Obair

Cha b' e obair spioradail a-mhàin a rinn Naomh Calum Cille agus a chompanaich air Eilean Ì. Thàinig iad beò air obair an làmhan fhèin air an talamh, aig muir no anns a' mhanachainn. Tha Dia a' cur luach air ar n-obair làitheil, oir is e seo aon de na meadhanan a chleachdas Dia gus ar naomhachadh. Faodaidh sinn ar n-obair làitheil fhèin a thairgsinn do Dhia mar ìobairt naomh.

Dèanamaid ùrnaigh

A Dhia uile-chumhachdaich, a dh'àithn air mac an duine a thighinn beò air obair a làimh, naomhaich Thu ar n-obair làitheil nuair a thug Crìosda air fhèin obair saorsainneachd a dhèanamh maille ri Naomh Eòsaph. Thoir dhuinn gràs a bhith deònach ar n-obair làitheil a thairgsinn dhut mar ìobairt naomh, ag aithneachadh luach ar n-obrach ann a bhith a' togail Do rìoghachd nar measg. Tro Chrìosda ar Tighearna. Amen.

Ùrnaigh ri Naomh Calum Cille (p. 10)

A Naoimh Chaluim Chille, guidh air ar son!

Comhartha na Croise, Moladh agus Loinneog (p. 11) | *Sign of the Cross, Invocation & Antiphon* (p. 11)

ACHAINÍ / PETITION
Obair / Work

Níorbh obair spioradálta amháin a rinne Naomh Colm Cille agus a chompánaigh ar Oileán Í. Bhíodh siad beo ar obair a lámh féin ar muir is ar talamh agus sa mhainistir féin. Tá meas ag Dia a ár n-obair laethúil óir is é sin ceann de na dóigheanna a bhíonn ag Dia lenár naomhú. Thig linn ár n-obair laethúil féin a ofráil mar íobairt naofa do Dhia.

It was not only spiritual work that Saint Columba and his companions undertook on Iona. They lived from the work of their own hands on land, at sea or in the monastery. God values our daily work because it is one of the means God uses to sanctify us. We can offer our own daily work as a holy offering to God.

Guímis / Let us pray

A Dhia uilechumhachtaigh, a d'ordaigh don duine a bheith beo ar obair a láimhe, naomhaigh Tú ár n-obair laethúil nuair a ghabh Críost chuige féin obair shiúinéireachta i gcuideachta Naomh Iósaf. Tabhair dúinn an grásta a bheith toilteanach ár n-obair laethúil a thairiscint Duit mar íobairt naofa, ag aithint go bhfuil luach ár gcuid oibre le fáil i dtógáil Do ríochta inár measc. Trí Chríost ár dTiarna. Amen.

Almighty God, who have commanded us to work in order to live, You blessed our daily work when Christ took on the work of a carpenter in the company of Saint Joseph. Grant us the grace to be willing to offer You our daily work as a holy offering, recognising the value of our labours in building Your Kingdom in our midst. Through Christ our Lord. Amen.

Paidir do Naomh Colm Cille (p. 11) | *Prayer to Saint Columba* (p. 11)

A Naomh Colm Cille, guigh orainn!

Saint Columba, pray for us!

AN SEACHDAMH LATHA
6MH DHEN ÒGMHIOS

AN SEACHTÚ LÁ
AN 6 MEITHEAMH

THE SEVENTH DAY
6 JUNE

Comharra na Croise, Beannaichte agus Luinneag (p. 10)

ATHCHUINGE
A' Sgaoileadh Solas an t-Soisgeil

'Se an dìleab as cudromaiche a dh'fhàg Naomh Calum Cille, ar Creideamh Crìosdail. Shiubhail Naomh Calum Chille agus a chompanaich air feadh na dùthcha agus nuair a thachair iad air daoine àrd agus ìriseal, cha do leig iad seachad an cothrom bhruidhinn mu Chrìosda agus mun Chreideamh. 'S ann mar sin a sgaoil an Creideamh – ann an tachartasan àbhaisteach gach latha.

Dèanamaid ùrnaigh

A Dhia uile-chumhachdaich, nad choibhneas, thug Thu dhuinn solas a' Chreideimh, chan ann gus an solas sin a chumail rinn fhèin, ach airson an solas sin a roinn riuthasan a tha fhathast beò ann an dorchadas. Neartaich sinn agus thoir misneachd dhuinn ar Creideamh a chur an cèill nar còmhradh agus nar coinneamhan gach latha, los gun dealraich solas Chrìosda nar saoghal an-diugh. Tro Chrìosda ar Tighearna. Amen.

Ùrnaigh ri Naomh Calum Cille (p. 10)

A Naoimh Chaluim Chille, guidh air ar son!

Comhartha na Croise, Moladh agus Loinneog (p. 11)

ACHAINÍ
Scaipeadh Sholas an tSoiscéil

Is é ár gCreideamh Críostaí an oidhreacht is tabhachtaí a d'fhág Naomh Colm Cille againn. Thaistil seisean agus a chuid compánach ar fud na tíre agus nuair a casadh daoine orthu, idir ard agus íseal, thapaigh siad an deis labhairt faoi Chríost agus faoin chreideamh. Is ar an dóigh sin a leathnaigh an Creideamh – i ngnáthchúinsí gach aon lá.

Guímis

A Dhia uilechumhachtaigh, i do chineáltas thug Tú dúinn solas an Chreidimh, ní le go gcoinnímid againn féin é ach lena roinnt orthu siúd a mhaireann sa dorchadas. Neartaigh muid agus tabhar misneach dúinn ár gCreideamh a léiriú do na daoine a chastar orainn gach aon lá le go lonraí solas Chríost inár saol inniu. Trí Chríost ár dTiarna. Amen.

Paidir do Naomh Colm Cille (p. 11)

A Naomh Colm Cille, guigh orainn!

Sign of the Cross, Invocation & Antiphon (p. 11)

PETITION
Spreading the Light of the Gospel

The most important legacy Saint Columba has left us is that of our Christian Faith. Saint Columba and his companions travelled throughout the country and when they encountered people both mighty and lowly, they took the opportunity to speak of Christ and the Faith. Thus, the Faith spread – in the normal circumstances of everyday life.

Let us pray

Almighty God, in Your kindness, You gave us the light of the Faith, not to be kept to ourselves, but to share with those who live in darkness. Strengthen us and grant us the confidence to manifest our Faith in the conversations and encounters of each day, so that the light of Christ may shine in our world today. Through Christ our Lord. Amen.

Prayer to Saint Columba (p. 11)

Saint Columba, pray for us!

Comharra na Croise, Beannaichte agus Luinneag (p. 10)

ATHCHUINGE
Ùghdarrasan Catharra

AN T-OCHDAMH LATHA

AN TOCHTÚ LÁ

THE EIGHTH DAY

Cha robh eagal air Naomh Calum Cille a bhruidhinn mu Chrìosda agus mun Fhìor-Chreideamh ri ùghdarrasan saoghalta agus neo-Chrìosdail. 'S ann tro a theagasg agus na gnìomhannan a rinn e a dh'fhoillsich e cumhachd Chrìosda do na pàganaich agus ghabh iad ris a' Chreideamh. Dh'àithn Ìosa fhèin oirnn a bhith misneachail an làthair ùghdarrasan an t-saoghail seo, oir 's e an Spiorad Naomh fhèin a tha gar brosnachadh agus gar neartachadh gus fianais a thoirt air ar creideamh.

Dèanamaid ùrnaigh

A Dhia uile-chumhachdaich, b' e Do thoil an cinne-daonna gu lèir a thoirt a-steach dod rìoghachd, a' tairgsinn dhuinn teachdaireachd an t-sàbhalaidh. Thoir dhuinn misneachd ar Creideamh a chur an cèill, agus fo stiùir Do Spioraid Naoimh, thoir dhuinn na faclan riatanach a dh'fheumas sinn gus teachdaireachd an t-Soisgeil a sgaoileadh am measg luchd ar n-eòlais. Tro Chrìosda ar Tighearna. Amen.

Ùrnaigh ri Naomh Calum Cille (p. 10)

A Naoimh Chaluim Chille, guidh air ar son!

Comhartha na Croise, Moladh agus Loinneog (p. 11)

Sign of the Cross, Invocation & Antiphon (p. 11)

ACHAINÍ
Údaráis Shibhialta

PETITION
Civil Authorities

Ní raibh eagla ar Naomh Colm Cille labhairt faoi Chríost agus faoin Fhíor-Chreideamh leis na hÚdaráis sibhialta neamh-Chríostaí. Trína theagasc agus an saol a chaith sé d'fhógair sé cumhacht Chríost do na págánaigh agus ghlac siad leis an Chreideamh. D'ordaigh Críost féin dúinn muinín a bheith againn agus muid i láthair údaráis an tsaoil seo, óir is é an Spiorad Naomh féin a thabharfaidh misneach agus neart dúinn le fianaise a thabhairt ar ár gCreideamh.

Saint Columba was not afraid to speak about Christ and the Faith before worldly or non-Christian authorities. Through his teaching and his deeds, he displayed the power of Christ to the pagans and they accepted the Faith. Jesus Himself has commanded us to be confident before the authorities of this world, because the Holy Spirit Himself will encourage and strengthen us to bear witness to the Faith.

Guímis

Let us pray

A Dhia uilechumhachtaigh, ba é Do thoil an cine daonna go léir a thabhairt isteach i Do ríocht agus teachtaireacht an tslánaithe a thairiscint dúinn. Tabhair misneach dúinn ár gCreideamh a léiriú, agus faoi stiúir Do Spioraid Naoimh, tabhair dúinn na focail a mbeidh gá leo le teachdaireacht an tSoiscéil a scaipeadh i measc ár lucht aitheantais. Trí Chríost ár dTiarna. Amen.

Almighty God, it was Your will to bring all mankind into Your Kingdom, holding out to us the message of Salvation. Grant us the courage to live our Faith openly, and under the guidance of Your Holy Spirit, provide us with the words necessary to spread the message of the Gospel among our acquaintances. Through Christ our Lord. Amen.

Paidir do Naomh Colm Cille (p. 11)

Prayer to Saint Columba (p. 11)

A Naomh Colm Cille, guigh orainn!

Saint Columba, pray for us!

AN NAOIDHEAMH LATHA:

AN NAOÚ LÁ

THE NINTH DAY

Comharra na Croise, Beannaichte agus Luinneag (p. 10)

ATHCHUINGE
A' Bheatha ri teachd

Bhiodh na manaich Cheilteach a' lorg 'àite an aiseirigh' dhaibh fhèin – àite far am biodh iad a' cur seachad am beatha agus far an rachadh an tìodhlaiceadh aig deireadh am beatha, a' feitheamh le dòchas ri aiseirigh ghlòrmhor air latha a' bhreitheanais. Aig deireadh a bheatha fhèin, chuir Naomh Calum Cille a chuid obrach bhuaithe, agus mus do bhàsaich e, chaidh e don eaglais far am biodh e an làthair Sàcramaid Uile-Naomh na h-Altarach, 's e a' siubhal bho thìm gu sìorraidheachd.

Dèanamaid ùrnaigh

A Dhia uile-chumhachdaich, stèidhich Thu crìoch don bheatha againn uile; uair a tha aithnichte dhut fhèin a-mhàin. Bi maille rinn gach latha agus cùm nar cuimhne gun tig an latha far nach fosgail ar sùilean ri grian latha ùir san t-saoghal seo, ach nad bhàigh, deònaich dhuinn gum faic sinn Thusa aghaidh ri aghaidh agus gum meal sinn co-chomann nan Naomh nad làthair fad na sìorraidheachd. Tro Chrìosda ar Tighearna. Amen.

Ùrnaigh ri Naomh Calum Cille (p. 10)

A Naoimh Chaluim Chille, guidh air ar son!

Comhartha na Croise, Moladh agus Loinneog (p. 11)

Sign of the Cross, Invocation & Antiphon (p. 11)

ACHAINÍ
An Saol le teacht

PETITION
The Life to come

Bhí na manaigh Cheilteacha ag lorg 'áit an aiséirí' dóibh féin – áit a gcuirfeadh siad isteach a saol agua a n-adhlacfaí iad ag deireadh a mbeatha, ag fanacht le dóchas le haiséirí glórmhar lá an Bhreithiúnais. Ag deireadh a bheatha féin, chuir Naomh Colm Cille a chuid oibre ar leataobh, agus sula bhuair sé bás, chuaigh sé chun na heaglaise ina mbeadh sé i láthair Naomhshacraiminte na hAltóra agus é ag imeacht ón am chun na síoraíochta.

The Celtic monks sought their 'Place of Resurrection' – the place where they would spend their lives and then be buried, awaiting in hope a glorious Resurrection on the Day of Judgement. At the end of his own life, Saint Columba put aside his work and, before dying, he went to the church where he would be in the presence of the Blessed Sacrament of the Altar as he passed from time to eternity.

Guímis

Let us pray

A Dhia uilechumhachtaigh, tá críoch curtha agat ar bheatha an uile dhuine againn, ar uair atá ar eolas agatsa amháin. Bí linn gach lá agus coimeád inár gcuimhne go dtiocfaidh an lá nuair nach n-osclóidh ár súile ar ghrian lae úir sa tsaol seo, ach i Do chineáltas, deonaigh go bhfeicfimid Thusa aghaidh ar aghaidh agus go mbainfimid taitneamh as comhluadar na Naomh i do láthair ar feadh na síoraíochta. Trí Chríost ár dTiarna. Amen.

Almighty God, You have established a limit to the life of each one of us, the hour of which is known to You alone. Be with us each day and keep us mindful that the day will come when our eyes will not open to the sunshine of a new day in this life, but in Your mercy, grant that we may see You face to face and enjoy the fellowship of the Saints in Your presence for all eternity. Through Christ our Lord. Amen.

Paidir do Naomh Colm Cille (p. 11)

Prayer to Saint Columba (p. 11)

A Naomh Colm Cille, guigh orainn!

Saint Columba, pray for us!

LEADAN NAOIMH CHALUIM CHILLE

LIODÁN NAOMH COLM CILLE

A LITANY OF ST COLUMBA

A Thighearna, dèan tròcair oirnn
A Thighearna, dèan tròcair oirnn
A Chrìosda, dèan tròcair oirnn
A Chrìosda, dèan tròcair oirnn
A Thighearna, dèan tròcair oirnn
A Thighearna, dèan tròcair oirnn

A Chrìosda, èist rinn
A Chrìosda, gu gràsmhor èist rinn

A Dhia, 'Athair nam Flathas,
  dèan tròcair oirnn
A Dhia, 'Mhic, Fhir-saoraidh
  an t-saoghail
dèan tròcair oirnn
A Dhia, '
  Spioraid Naoimh,
dèan tròcair oirnn
A Thrìanaid Naomh, Aon Dia,
dèan tròcair oirnn

A Naoimh Chaluim Chille
guidh air ar son
A Naoimh Chaluim Chille,
  'Abstoil nan Èireannach
guidh air ar son
A Naoimh Chaluim Chille,
  'Abstoil nan Albannach
guidh air ar son

A Naoimh Chaluim Chille,
  a Chalmain an Tighearna
guidh air ar son
A Naoimh Chaluim Chille,
  a Chalmain na h-Eaglaise
guidh air ar son
A Naoimh Chaluim Chille,
  a Chalmain Rìoghail
guidh air ar son
A Naoimh Chaluim Chille,
  a Chalmain Eilein Ìdhe
guidh air ar son

A Thiarna, déan trócaire orainn	Lord have mercy on us
A Thiarna, déan trócaire orainn	**Lord have mercy on us**
A Chríost, déan trócaire orainn	Christ, have mercy on us
A Chríost, déan trócaire orainn	**Christ, have mercy on us**
A Thiarna, dean trócaire orainn	Lord, have mercy on us
A Thiarna, dean trócaire orainn	**Lord, have mercy on us**

A Chríost, éist linn
A Chríost, éist go ceansa linn

Christ, hear us
Christ graciously hear us

A Dhia, a Athair na bhFlaitheas
déan trócaire orainn
A Dhia, a Mhic, a Shlánaitheoir
  an domahin
déan trócaire orainn
A Dhia, a Spioraid Naoimh
déan trócaire orainn
A Thríonóid Naofa,
  a Aon Dia amháin
déan trócaire orainn

God the Father of Heaven,
have mercy on us
God the Son,
  Redeemer of the World
have mercy on us
God the Holy Spirit
have mercy on us
Holy Trinity, One God
have mercy on us

A Naomh Colm Cille
guigh ar ár son
A Naomh Colm Cille,
  a Aspal na nÉireannach
guigh ar ár son
A Naomh Colm Cille,
  a Aspal na nAlbanach
guigh ar ár son

Saint Columba
pray for us
Saint Columba,
  Apostle of the Irish
pray for us
Saint Columba,
  Apostle of the Scots
pray for us

A Naomh Colm Cille,
  a Cholm an Tiarna
guigh ar ár son
A Naomh Colm Cille,
  a Cholm na hEaglaise
guigh ar ár son
A Naomh Colm Cille,
  a Cholm Ríoga
guigh ar ár son
A Naomh Colm Cille,
  a Cholm Oileán Í
guigh ar ár son

Saint Columba,
  Dove of the Lord
pray for us
Saint Columba,
  Dove of the Church
pray for us
Saint Columba,
  Royal Dove
pray for us
Saint Columba,
  Dove of Iona
pray for us

A Naoimh Chaluim Chille,
  a Chalmain na Sìthe
guidh air ar son
A Naoimh Chaluim Chille,
  a Chalmain Shubhailce
guidh air ar son
A Naoimh Chaluim Chille,
  a Chalmain Dhilis
guidh air ar son
A Naoimh Chaluim Chille,
  a Chalmain Charthannaich
guidh air ar son
A Naoimh Chaluim Chille,
  a Chalmain Gheamnaidh
guidh air ar son
A Naoimh Chaluim Chille,
  a Chalmain Chiùin
guidh air ar son
A Naoimh Chaluim Chille,
  a Chalmain Mhàlda
guidh air ar son
A Naoimh Chaluim Chille,
  a Chalmain Iriseil
guidh air ar son
A Naoimh Chaluim Chille,
  a Chalmain Ghlic
guidh air ar son
A Naoimh Chaluim Chille,
  a Chalmain Shubhaich
guidh air ar son
A Naoimh Chaluim Chille,
  a Chalmain Naoimh
guidh air ar son

A Naoimh Chaluim Chille,
  a Thaistealaich Threun Chrìosda
guidh air ar son
A Naoimh Chaluim Chille, a
  Thaistealaich Ladarna Chrìosda
guidh air ar son
A Naoimh Chaluim Chille,
  a Thaistealaich Ghaisgeil Chrìosda
guidh air ar son

A Naomh Colm Cille,	Saint Columba,
a Cholm na Síochána	Dove of Peace
guigh ar ár son	**pray for us**
A Naomh Colm Cille,	Saint Columba,
a Cholm Suáilceach	Virtuous Dove
guigh ar ár son	**pray for us**
A Naomh Colm Cille,	Saint Columba,
a Cholm Dílis	Faithful Dove
guigh ar ár son	**pray for us**
A Naomh Colm Cille,	Saint Columba,
a Cholm Carthanach	Benevolent Dove
guigh ar ár son	**pray for us**
A Naomh Colm Cille,	Saint Columba,
a Cholm Geanmnaí	Chaste Dove
guigh ar ár son	**pray for us**
A Naomh Colm Cille,	Saint Columba,
a Cholm Séimh	Gentle Dove
guigh ar ár son	**pray for us**
A Naomh Colm Cille,	Saint Columba,
a Cholm Modhúil	Modest Dove
guigh ar ár son	**pray for us**
A Naomh Colm Cille,	Saint Columba,
a Cholm Uiríseal	Humble Dove
guigh ar ár son	**pray for us**
A Naomh Colm Cille,	Saint Columba,
a Cholm Eagnaí	Wise Dove
guigh ar ár son	**pray for us**
A Naomh Colm Cille,	Saint Columba,
a Cholm Lúcháireach	Joyful Dove
guigh ar ár son	**pray for us**
A Naomh Colm Cille,	Saint Columba,
a Cholm Naofa	Holy Dove
guigh ar ár son	**pray for us**
A Naomh Colm Cille,	Saint Columba,
a Oilithreach Calma Chríost	Valiant Pilgrim of Christ
guigh ar ár son	**pray for us**
A Naomh Colm Cille,	Saint Columba,
a Oilithreach Cróga Chríost	Bold Pilgrim of Christ
guigh ar ár son	**pray for us**
A Naomh Colm Cille,	Saint Columba,
a Oilithreach Gaisciúil Chríost	Intrepid Pilgrim of Christ
guigh ar ár son	**pray for us**

A Naoimh Chaluim Chille, a
  Thaistealaich Earbsaich Chrìosda
guidh air ar son
A Naoimh Chaluim Chille, a
  Thaistealaich Mhisneachail
  Chrìosda
guidh air ar son

A Naoimh Chaluim Chille,
  a Charaid nan Aingeal
guidh air ar son
A Naoimh Chaluim Chille,
  a Charaid nam Bochd
guidh air ar son
A Naoimh Chaluim Chille,
  a Charaid nam Peacach
guidh air ar son
A Naoimh Chaluim Chille,
  a Charaid nan Euslainteach
guidh air ar son
A Naoimh Chaluim Chille,
  a Charaid nan Gàidheal
guidh air ar son

A Naoimh Chaluim Chille,
  a Cheannsaiche nan Deamhan
guidh air ar son
A Naoimh Chaluim Chille,
  a Cheannsaiche nan Stuaghan
guidh air ar son
A Naoimh Chaluim Chille,
  a Cheannsaiche nan Olc
guidh air ar son
A Naoimh Chaluim Chille,
  a Cheannsaiche a' Mhì-chreideimh
guidh air ar son

A Naoimh Chaluim Chille,
  a Sholais an Iar
guidh air ar son
A Naoimh Chaluim Chille,
  a Lòchrain nan Eilean
guidh air ar son

A Naomh Colm Cille,
  a Oilithreach Muiníneach Chríost
guigh ar ár son
A Naomh Colm Cille,
  a Oilithreach Misniúil Chiost
guigh ar ár son
	Saint Columba,
	  Trusting Pilgrim of Christ
	pray for us
	Saint Columba,
	  Confident Pilgrim of Christ
	pray for us

A Naomh Colm Cille,
  a Chara na nAingeal
guigh ar ár son
A Naomh Colm Cille,
  a Chara na mBocht
guigh ar ár son
A Naomh Colm Cille,
  a Chara na bPeacach
guigh ar ár son
A Naomh Colm Cille,
  a Chara na nEasláin
guigh ar ár son
A Naomh Colm Cille,
  a Chara na nGael
guigh ar ár son

Saint Columba,
  Friend of the Angels
pray for us
Saint Columba,
  Friend of the Poor
pray for us
Saint Columba,
  Friend of Sinners
pray for us
Saint Columba,
  Friend of the Sick
pray for us
Saint Columba,
  Friend of the Gael
pray for us

A Naomh Colm Cille,
  a Cheansaitheoir na nDeamhan
guigh ar ár son
A Naomh Colm Cille,
  a Cheansaitheoir na dTonn
guigh ar ár son
A Naomh Colm Cille,
  a Cheansaitheoir na nOlc
guigh ar ár son
A Naomh Colm Cille,
  a Cheansaitheoir an ainchreidimh
guigh ar ár son

Saint Columba,
  Vanquisher of Demons
pray for us
Saint Columba,
  Vanquisher of the Waves
pray for us
Saint Columba,
  Vanquisher of Evil
pray for us
Saint Columba,
  Vanquisher of Unbelief
pray for us

A Naomh Colm Cille,
  a Sholas an Iarthair
guigh ar ár son
A Naomh Colm Cille,
  a Lóchrann na nOileán
guigh ar ár son

Saint Columba,
  Light of the West
pray for us
Saint Columba,
  Lantern of the Isles
pray for us

A Naoimh Chaluim Chille,
 'Fhàidh an Tighearna
guidh air ar son
A Naoimh Chaluim Chille,
 'Obraiche nam Mìorbhailean
guidh air ar son
A Naoimh Chaluim Chille,
 a Cholbh Iomadh Eaglais
guidh air ar son
A Naoimh Chaluim Chille,
 a Reul-Iùil Dhealraich gu Nèamh
guidh air ar son

Uain Dhè a tha a' toirt air falbh
 peacannan an t-saoghail,
Dèan fathamas rinn a Thighearna
Uain Dhè a tha a' toirt air falbh
 peacannan an t-saoghail
Gu gràsmhor èist rinn a Thigherna
Uain Dhè a tha a' toirt air falbh
 peacannan an t-saoghail
Dèan tròcair oirnn
A Thighearna, èist rinn
 **A Thighearna gu gràsmhor èist
 rinn**

Dèanamaid ùrnaigh

A Dhia, a thug solas a' chreideimh do ar sinnsrean tro bheatha agus teagasg Naoimh Chaluim Chille, deònaich, nad bhàigh, gun dealraich lòchran an t-sàbhalaidh nar linn gus muinntir ar dùthcha a threòrachadh gu caladh sàbhailte nam Flathas, far a bheil Thu beò agus a' riaghladh, fad shaoghal nan saoghal.

Amen.

A Naomh Colm Cille,
  a Fháidh an Tiarna
guigh ar ár son
A Naomh Colm Cille,
  a Oibrí na Míorúiltí
guigh ar ár son
A Naomh Colm Cille,
  a Cholún an iomad Eaglaisí
guigh ar ár son
A Naomh Colm Cille,
  a Réalta Eolais Gheal chun na bhFlaitheas
guigh ar ár son
	Saint Columba,
	  Prophet of the Lord
	pray for us
	Saint Columba,
	  Worker of Miracles
	pray for us
	Saint Columba,
	  Pillar of Many Churches
	pray for us
	Saint Columba,
	  Bright Pole-Star to Heaven
	pray for us

A Uain Dé a thógann peacaí an domhain **Ná daor sinn, a Thiarna** A Uain Dé a thógann peacaí an domhain **Éist go ceansa linn, a Thiarna** A Uain Dé a thógann peacaí an domhain **Déan trócaire orainn** A Thiarna, éist linn **A Thiarna, bí ceansa agus éist linn**	Lamb of God, who take away the sins of the world **spare us O Lord** Lamb of God, who take away the sins of the world **graciously hear us, O Lord** Lamb of God, who take away the sins of the world **have mercy on us** Lord, hear us **Lord graciously hear us**

Guímis

Let us Pray

A Dhia, a thug solas an chreidimh dár sinsir trí bheatha agus trí theagasc Naomh Colm Cille, deonaigh, i do chineáltas, go lonróidh lóchrann an tslánaithe lenár linn go dtreoróidh sé ár muintir féin go cuan sábhailte na bhFlaitheas, mar a maireann agus a ríalaíonn Tú trí shaol na saol.

O God, who through the life and teaching of Saint Columba brought the light of faith to our forefathers, grant in Your kindness that the lantern of salvation may continue to burn brightly in our day and to bring our people to the safe haven of paradise, where You live and reign for ever and ever.

Amen.

Amen.

All rights reserved.

First published in 2021 by the Incorporated Catholic Truth Society, London in collaboration with Mungo Books, Glasgow

The Incorporated Catholic Truth Society
42–46 Harleyford Road
London, SE11 5AY
Tel: 020 7640 0042
www.ctsbooks.org

© 2021
Mungo Books
mungobooks.co.uk
info@mungobooks.co.uk

ISBN 978-1-78469-658-0

A Catalogue record for this book is available from the British Library

Front cover:
St Columba Window, St Margaret's Chapel, Edinburgh Castle
Photograph by Dan Laughman

One of the five stained-glass windows made in 1922 by Douglas Strachan

page 3:
'Celtic Cross'
Photograph by scottishcreative/Alamy
The St Martin Cross on Iona, probably dating from around AD 800

page 4:
Book of Kells, Folio 32v
A 'carpet' page from the Book of Kells which is commonly thought to have been begun at Iona AD 800 and completed at Kells

page 22–23:
'The Abbey on Iona, Scotland'
photograph by Andrew Haysom

Celtic ornaments by Daniel Mitsui
www.danielmitsui.com